AF337816

NOTICE

SUR

LA VIE ET LES ŒUVRES

DE

M. MONTARGIS,

Curé de l'église de Saint-Pierre de Caen ;

Par M. P. E.

Potens in verbis et in operibus suis.
(ACTES, 7.)

CAEN,

CHÉNEL, LIBRAIRE, PONT SAINT-PIERRE, 16.

Février 1864.

NOTICE

SUR

la Vie et les Œuvres de

M. MONTARGIS,

Curé de l'église de Saint-Pierre de Caen.

Potens in verbis et in operibus suis.
(ACTES, 7.)

Dans la soirée du 26 janvier dernier, une affligeante nouvelle se répandait à Caen, et frappait tout-à-coup la population d'une douloureuse et poignante émotion. Le doyen des curés de la cité, le prêtre qui, depuis plus d'un demi-siècle, était attaché à l'antique basilique de Saint-Pierre, soit comme vicaire, soit comme curé ; le pieux ecclésiastique dont pas un pauvre ne prononçait le nom sans une profonde vénération, M. Montargis, enfin, venait de succomber aux atteintes d'une maladie contre laquelle les efforts de la science devaient malheureusement demeurer impuissants, et qui, depuis un an, ne laissait plus aucun espoir de le conserver longtemps au respect et à la tendresse de ses chers paroissiens.

Les vertus qui ont entouré la vie apostolique du prêtre que Dieu vient de rappeler à lui, le pieux souvenir et l'immense regret qu'il laisse au sein de la population, nous donnent la certitude qu'on ne lira pas sans un vif intérêt quelques détails biographiques que nous avons été assez heureux de recueillir sur cet homme de bien, dont l'admirable charité, à laquelle il avait voué son existence tout entière, était depuis longtemps proverbiale dans notre contrée.

Guillaume-Isidore Montargis était né dans la commune de Saint-Jacques de Lisieux, le 31 mars 1787. Ses parents, riches marchands de toile, étaient entourés de l'estime et de la considération de leurs concitoyens, qui honoraient ainsi les sentiments de piété et de dévotion dont

M. et Mme Montargis étaient animés. Le jeune Guillaume était le deuxième enfant de cette famille qui, plus tard, s'augmenta encore de deux autres garçons.

Peu d'années après sa naissance, la Révolution éclata, et la France ne tarda pas à gémir sur les attentats qui furent commis au nom de la liberté. Le culte fut renversé, les prêtres furent proscrits, et bientôt tout acte extérieur de piété devint une cause de suspicion. Mais tel était le dévoûment que professait M. Montargis père pour la religion catholique, qu'il ne craignit point de recueillir et de cacher des prêtres chez lui pour les arracher à l'échafaud, s'exposant ainsi à y porter lui-même sa tête, s'il eût été découvert. Il fit plus, sa maison devint un asile pieux où quelques fidèles purent assister chaque nuit, et pendant tout le temps que dura la tourmente révolutionnaire, au saint sacrifice de la messe.

Dieu a voulu récompenser le zèle de cet homme vertueux en répandant sur son fils le bienfait de ses grâces infinies. A peine ce dernier eut-il atteint l'âge de raison, qu'il manifesta un ardent désir d'entrer dans les Ordres. Ses parents accueillirent avec joie et encouragèrent ces dispositions ; malheureusement, son état de santé, qui laissait beaucoup à désirer, ne permettait pas de le placer dans un établissement d'éducation religieuse. Le jeune Montargis fit donc en grande partie ses études chez son père, et, après avoir passé quelque temps au grand séminaire de Bayeux, il fut nommé acolyte le 21 décembre 1811. Appelé au diaconat le 14 mars 1812, il fut ordonné prêtre, sous l'épiscopat de Mgr Brault, alors évêque du diocèse, le 23 mai de la même année, et, peu de jours après, le 14 juin, il se vit installé second vicaire de la paroisse de Saint-Pierre de Caen, que désormais il ne devait plus quitter. Enfin, le 31 décembre 1819, M. l'abbé Montargis, qui n'avait point encore trente-trois ans et qui venait d'être désigné pour succéder à M. Boscher, curé de la paroisse, fut installé en cette qualité par M. l'abbé Paysant, pro-vicaire-général, devenu plus tard évêque d'Angers ; et, le 20 juillet 1834, il était nommé chanoine honoraire du diocèse.

M. Montargis avait reçu chez son père une brillante et solide instruction. Doué du don de la parole, son talent comme orateur s'était révélé dès son début dans la carrière ecclésiastique. Etant diacre, il fut appelé à prêcher à la cathédrale, et la force de ses arguments, le charme de son éloquence, produisirent une profonde sensation sur tout son auditoire. Comme Bourdaloue, dont d'ailleurs il s'inspirait, il s'est constamment attaché dans ses sermons à établir solidement les vérités de la religion, dont il a toujours su, avec habileté, tirer les conséquences les plus utiles pour ses auditeurs.

C'est à ses remarquables qualités oratoires, bien plus encore qu'aux relations d'amitié qui existaient entre sa famille et Mgr Brault, évêque de Bayeux, le futur archevêque d'Albi, que le jeune ecclésiastique dut le choix flatteur dont il fut l'objet lors de sa nomination à la cure de Saint-Pierre.

Entreprendrons-nous de dire ici quelle a été la vie apostolique de ce vénérable ecclésiastique, objet d'universels regrets? Dirons-nous jusqu'à quel point il a possédé ce zèle infatigable au foyer duquel sa charité venait incessamment se retremper? La paroisse de Saint-Pierre l'a vu à l'œuvre. Depuis 53 ans qu'il y était attaché, il n'est pas d'infortune à laquelle il n'ait tendu la main. Unissant à ses ressources personnelles les aumônes et les dons particuliers qu'il avait sollicités et recueillis, il allait, répandant autour de lui plus de dix mille francs par an, secourir des misères cachées, des pauvres honteux, que, dans sa charité inépuisable, il savait découvrir et dont il ranimait le courage et la foi. Que de personnes ont été ainsi secourues par lui! C'est à ce vénérable pasteur qu'on peut bien appliquer ces paroles d'un orateur célèbre : « A l'exemple de ces généreux chrétiens que loue saint Paul, il assista les pauvres selon ses forces, au-delà même de ses forces. Il devint avare pour lui-même, afin d'être prodigue pour Jésus-Christ, et s'attira les bénédictions que le Sage promet à ceux qui aiment à faire du bien, et qui distribuent aux pauvres leur propre pain. »

M. le curé Montargis a constamment apporté

dans l'accomplissement de ses bonnes œuvres une grande modestie et une discrétion parfaite. On peut dire que toujours sa main gauche a ignoré les libéralités que sa main droite a faites, et les personnes qui l'entouraient, celles qui étaient plus particulièrement appelées à vivre dans son intimité, n'ont jamais su qu'imparfaitement le noble emploi qu'il a fait de sa fortune ; et si, aujourd'hui, il nous est permis de rappeler quelques traits de cette vie admirable de dévoûment et d'abnégation, c'est que ceux qui en ont été l'objet les ont racontés eux-mêmes. D'ailleurs, il n'est pas une famille pauvre (et ces familles sont nombreuses dans la paroisse Saint-Pierre) qui n'ait quelque touchant récit à faire sur les actes infinis de vertu et de charité accomplis par M. le Curé pendant sa longue et belle carrière apostolique.

Cet ardent amour pour les pauvres qui animait M. Montargis n'a pas peu contribué, nous devons le dire, à faire augmenter l'effectif des familles malheureuses de la paroisse : sa générosité, proverbiale à Caen, avait déterminé un assez grand nombre de ces familles à émigrer des autres paroisses de la ville et à venir se réugier dans la circonscription de Saint-Pierre. Cet accroissement n'était pas de nature à tempérer le zèle de M. le Curé que rien n'arrêtait, et il semblait que plus il avait d'infortunes à soulager, plus ses forces et son courage grandissaient.

Nous avons dit que, dans sa jeunesse, la santé de M. Montargis était chétive et extrêmement délicate ; depuis, sa constitution, loin de s'être tout-à-fait raffermie, a toujours été très-frêle. C'est à tel point qu'étant vicaire, il avait véritablement l'aspect d'un enfant. Ainsi, un jour, ayant été porter la sainte communion à un malade, une personne, qui ne le connaissait pas, le rencontra et fut frappé de sa jeunesse. Ne pouvant supposer que ce jeune homme était déjà ecclésiastique, cette personne vint demander à M. le curé Boscher s'il était d'usage, dans la paroisse de Saint-Pierre, de faire porter la communion par des enfants de chœur.

Mais, sous cette enveloppe juvénile, il y avait une force morale énorme, et c'est elle qui, pendant un demi-siècle, l'a soutenu dans la tâche laborieuse qu'il s'était imposée vis-à-vis de ses semblables.

M. Montargis mettait une excessive délicatesse à faire agréer ses secours, qui ne consistaient pas seulement en argent, mais encore en dons de diverses natures, tels que vêtements, nourriture, etc., etc. Il savait deviner toutes les infortunes de ses administrés : aux uns qui se voyaient à la veille d'être chassés de leur demeure par un propriétaire impitoyable, il payait non-seulement le loyer échu, mais encore celui de l'année courante ; aux autres qu'une maladie subite du chef de la famille jetait dans la douleur et l'inquiétude du lendemain, il assurait l'existence jusqu'au complet rétablissement du malade. Que de larmes ont été essuyées ainsi !

Mais là n'étaient pas les seules misères que le bon curé avait à cœur de soulager ; il tenait surtout à venir en aide à cette autre classe d'indigents qu'on désigne communément sous le nom de *pauvres honteux,* et qui, à ce titre, méritaient d'être les objets privilégiés de sa tendresse.

Un jour, il apprend qu'une famille, qui appartenait à un certain rang de la société, était tout-à-coup tombée dans un dénûment complet par suite d'une fâcheuse spéculation commerciale. Pour comble de malheur, l'un des enfants venait d'être frappé d'une cruelle maladie, la variole, et le père, lui-même, était en proie à un état de souffrance qui le rendait impropre à toute espèce d'occupation.

Sans argent, sans crédit, cette famille n'avait donc d'autres ressources que d'envoyer son enfant à l'hôpital et d'implorer la charité publique; mais elle n'osait avouer sa situation à personne, et, plutôt que de la faire connaître, elle se serait décidée à mourir de faim. Cependant elle avait été devinée par le médecin appelé au chevet de l'enfant, et, par lui, M. le Curé en avait eu connaissance. Aussitôt, sous un futile prétexte, M. Montargis pénétrait dans le logement de cette famille, et, avec ce tact dont il était merveilleusement doué, il parvenait à faire accepter, *à titre de prêt*, une somme de 300 fr. d'abord, qui fut employée en médicaments pour l'enfant et pour le père, puis en nourriture pour le restant de la famille. D'autres visites suivirent celle dont nous venons de parler, et un an ne s'était pas écoulé qu'une modeste aisance, qui n'était pas simplement due au travail auquel, depuis quelque temps, se livrait le père de famille, avait chassé du foyer domestique les pensées de désespoir que la misère y avait fait germer.

Une autre fois, une dame vêtue avec une certaine recherche se présenta devant M. le Curé. — Je n'appartiens pas à votre paroisse, lui dit-elle; néanmoins, je viens à vous.... Je suis dans le commerce; les affaires vont mal, et dans deux jours mes marchandises seront saisies et vendues, si je n'acquitte une dette pour laquelle je suis poursuivie. — Combien vous faut-il, madame ? — Deux cents francs. — Et M. le Curé remettait la somme qu'on lui demandait, sans s'inquiéter ni du nom ni de la demeure de cette femme, qui aurait pu abuser de sa charité et tromper sa bonne foi.

Que de visites de ce genre n'a-t-il pas reçues, et qui toutes ont eu pour résultat la remise d'un ou de plusieurs billets de banque !

On nous racontait dernièrement que, pour empêcher la perte totale d'une fortune qu'une signature aveuglément donnée par une personne à laquelle il portait un bienveillant intérêt avait très-gravement compromise, M. Montargis avait été jusqu'à se rendre à Paris près du notaire chargé de la liquidation de cette affaire ; que là, après avoir discuté chaudement avec l'homme de loi, il avait réussi à obtenir un accommodement moyennant la somme de six mille francs qu'il avança de ses propres deniers. Ce notaire passait pour détester les prêtres : aussi M. le Curé, afin de ne pas compromettre le succès de sa démarche, se crut-il dans l'obligation de déposer momentanément sa soutane et de se vêtir d'une redingote et d'un chapeau de ville. Malgré ce déguisement, le notaire devina à qui il avait affaire, car, le jour même, il écrivait à son collègue de Caen « qu'un *pieux et honorable ecclésiastique* de cette ville était venu le trouver, et qu'il avait été extrêmement heureux de pouvoir transiger avec lui. »

Parmi les pauvres qui étaient admis à recevoir les secours de M. le Curé se trouvait une femme dont le nom devait douloureusement rappeler à l'esprit de son bienfaiteur la lamentable époque de 1793. Par une singulière coïncidence, cette femme était la fille d'un des membres du tribunal révolutionnaire qui prononça la peine de mort contre un vertueux ecclésiastique de la ville de Caen, M. l'abbé Gombault, curé de la paroisse de Saint-Gilles, dont la tête roula sur l'échafaud de la place Saint-Sauveur. Mais l'esprit de charité était si grand chez M. Montargis, que ce vénérable prêtre eût rougi à la seule pensée de rendre cette malheureuse responsable du sang que son père avait injustement versé, et jamais les aumônes qu'elle reçut ne furent l'occasion du moindre reproche, de la plus petite allusion à un sanglant et douloureux passé.

Souvent des actes de bienfaisance de M. le curé de Saint-Pierre ont été payés de la plus noire ingratitude, et plus d'un individu n'a pas craint de calomnier l'homme généreux dont il venait de recevoir un bienfait. Le saint prêtre n'en était que plus rempli de compassion, et il semblait que son cœur éprouvât alors un plus ardent amour de son prochain.

Une personne à laquelle M. Montargis avait adressé de sages représentations sur ses habitudes d'intempérance, qui étaient une source incessante de troubles et de misère dans son ménage, vint un jour jusque dans sa sacristie outrager grossièrement le pasteur auquel il était redevable de nombreuses obligations. L'indulgence et la commisération avec lesquelles M. le Curé accueillit ces injures, le pardon qu'il prononça ensuite, désarmèrent la colère de l'énergumène qui, les larmes aux yeux et avec les marques du plus profond repentir, se précipita aux genoux du prêtre qu'il venait si cruellement d'offenser. Cette scène devait exercer la plus heureuse influence sur cet homme, qui, à partir de ce moment, renonça à son funeste penchant de l'ivrognerie, et bientôt, sous l'action généreuse du bon curé, et grâce à ses bons conseils, l'ordre et l'aisance reparurent dans la maison.

La charité de M. le Curé se produisait sous toutes les formes. Chaque année, plusieurs jeunes gens étaient élevés et recevaient à ses frais les bienfaits de l'instruction dans nos établissements religieux. Plus d'un ecclésiastique, que notre diocèse s'honore de compter aujourd'hui dans son sein, lui doivent leur position sacerdotale. Le jour des saintes funérailles, nous entendions un honorable curé des environs de Caen s'écrier avec une profonde humilité chrétienne : « Non-seulement je lui dois tout ; mais que n'a-t-il point fait encore pour ma famille ! Jamais on ne saura tout le bien qu'il a répandu autour de lui ! »

Un jour on vint solliciter la générosité de M. le Curé en faveur d'une personne qui, poussée par une vocation irrésistible, désirait entrer dans les Ordres. Elle n'avait absolument aucune fortune, et il lui fallait une somme de quinze cents francs pour son admission dans l'établissement religieux qu'elle avait choisi pour prononcer ses vœux. La bourse de M. Montargis était alors complètement épuisée par des emprunts successifs dont elle avait été tout récemment l'objet,

et, à son profond regret, il se voyait dans l'im-
possibilité de prendre part à une bonne action.
Déjà il avait exprimé un douloureux refus, lors-
que tout-à-coup, se rappelant qu'il avait un crédit ouvert dans l'une des plus honorables et des
plus anciennes maisons de notre pays, M. Théo-
dose d'Osseville, alors receveur-général du département : « Attendez-moi, dit-il au solliciteur. »
En un instant il arrive chez M. d'Osseville, qu'il
trouve très-occupé. « Je viens, lui dit-il, faire un
emprunt à votre bourse. — Prenez ce qu'il vous
faut, monsieur le Curé, » répondit M. Th. d'Osseville en lui tendant un portefeuille garni de
valeurs. M. Montargis y prit et rapporta au presbytère quinze cents francs qui étaient nécessaires
pour aider à l'accomplissement d'une sainte vocation.

M. le Curé s'était vivement préoccupé du sort
des jeunes enfants des classes laborieuses de sa
paroisse. Dans le but de venir en aide aux mères
de famille dont les occupations journalières et
souvent même l'ignorance ne permettaient pas
de donner à leurs petites filles les premières no-

tions du travail et de l'éducation chrétienne, M. Montargis a fondé une classe qu'il a annexée à l'établissement des Sœurs de la Providence, situé dans le faubourg du Vaugueux, et là, sous l'impulsion d'une pieuse et habile directrice, un grand nombre de jeunes filles apprennent à coudre, à travailler, et, par-dessus tout, à honorer et à vénérer Dieu. Il est inutile d'ajouter que les frais d'entretien de cette classe, le traitement de la directrice, &c., étaient supportés par la bourse personnelle de M. le Curé.

Profondément instruit, ayant une parfaite connaissance des choses de ce monde, possédant à un haut degré le discernement des esprits comme des doctrines et des affaires, il réunissait enfin toutes les qualités qui doivent distinguer un ecclésiastique. Aussi ne saurait-on s'imaginer combien de personnes appartenant à toutes les classes de la société venaient s'adresser à lui, non-seulement de la ville, mais encore des environs, pour le prier de devenir leur arbitre, soit dans des questions litigieuses, soit dans des différends de famille. Plus d'une personne haut placée n'a pas craint de prendre conseil de son expérience et de son esprit de justice.

M. Montargis était doué d'un extérieur plein de dignité. Sa voix était douce, sympathique, harmonieuse même. Sa parole était toujours l'expression exacte de sa pensée; mais on peut aussi dire de lui que nul n'a su mieux se taire quand la parole pouvait violer un secret, blesser la charité, compromettre une affaire. Dès l'âge de six ans, il montrait déjà ce que serait plus tard cette discrétion.

Nous avons dit que, pendant la Révolution, M. Montargis père avait soustrait à la fureur populaire un grand nombre de prêtres, et que, pendant tout le temps de la fermeture des églises, il avait élevé dans une partie secrète de sa maison une chapelle où, chaque nuit, le saint sacrifice de la messe était célébré en présence de quelques fidèles. On ne tarda pas à répandre certains bruits à Lisieux à propos de ces actes de piété, et quelques fervents patriotes, y voyant sans doute un danger sérieux pour la chose publique, dénoncèrent le fait. Aussitôt la police se transporta au domicile de M. Montargis, où elle opéra de minutieuses perquisitions; mais, au grand désappointement des amis de la patrie, elles demeurèrent infructueuses. On interrogea alors les employés de la maison, et le jeune Montargis lui-même fut l'objet d'un long et minutieux interrogatoire. Ce pauvre enfant, qui, d'un mot, pouvait envoyer à l'échafaud, non-seulement son père et sa mère, mais encore d'autres infortunées victimes, ne s'effraya pas plus des menaces qu'on lui fit qu'il ne céda aux promesses trompeuses de ceux qui voulaient apprendre de lui la vérité. Et à toutes les questions qu'on lui adressa il répondit invariablement par ces mots : « Je ne sais pas. » Le parquet du tribunal révolutionnaire de Lisieux considéra comme *calomnieux* les bruits répandus sur M. Montargis et sa famille. Ce terrible interrogatoire ne s'est jamais effacé de l'esprit de M. le Curé.

L'heureux caractère de M. Montargis faisait rechercher avec empressement l'établissement de relations avec lui. Il était gai, plein d'enjouement, et, malgré son état presque permanent de souffrance, jamais dans ses rapports avec ses paroissiens comme avec les ecclésiastiques appelés à vivre avec lui, il ne laissa paraître, non pas un mouvement d'emportement, mais le moindre signe de mauvaise humeur.

Le plus touchant accord régnait entre lui et ses vicaires, qui, aussitôt leur arrivée à la cure, devenaient, pour le bon curé, ses amis, ses enfants, qu'il cherchait à guider dans leur carrière apostolique avec cet admirable esprit de charité dont il était rempli lui-même. Jamais, d'ailleurs, ce vénérable pasteur n'avait voulu s'immiscer dans les fonctions des prêtres attachés à sa paroisse. Pendant plus de quarante ans, et dans ces derniers temps surtout, le presbytère de Saint-Pierre a constamment présenté le doux aspect de la famille la plus étroitement et la plus intimement unie en Jésus-Christ.

L'excessive bonté de M. Montargis se reflétait sur toutes les personnes qui l'approchaient ou qui l'entouraient, et il n'est pas un de ses serviteurs dont il n'ait voulu, par un bienfait, assurer l'existence après sa mort. Toutes ses fonctions sacerdotales étaient remplies par lui avec la plus grande régularité. Donnant un temps assez considérable à sa préparation à la messe, lorsqu'il célébrait, sa piété à l'autel était un sujet de profonde édification pour les assistants. Modeste, austère, il avait cependant compris et apprécié la nature humaine, et, comme prêtre, tous ceux qui l'ont connu l'ont trouvé aussi indulgent que le permettaient ses devoirs sacrés.

On ne saurait se faire une idée de son attachement pour la paroisse de Saint-Pierre. A peine venait-il d'y être nommé que son vœu le plus cher fut d'y rester attaché pendant toute sa vie. Mgr Brault, évêque de Bayeux, voulut le nommer curé à Sainte-Catherine de Honfleur, à l'âge de vingt-neuf ans; il refusa en suppliant Sa Grandeur de confier cette cure à un ecclésiastique plus âgé et surtout « plus méritant. » Plus tard, l'autorité diocésaine lui proposa le doyenné de l'église Saint-Jean de Caen, à la mort d'un des curés de cette paroisse; mais il eût fallu quitter Saint-

Pierre, il refusa encore. Si M. le curé Montargis eût moins aimé sa grande famille paroissiale, il eût peut-être aspiré aux dignités ecclésiastiques auxquelles l'eussent certainement appelé ses vertus et ses qualités personnelles ; mais il voulait rester au milieu de ses pauvres, qui étaient pour lui l'image la plus ressemblante du Dieu anéanti et de l'Homme de douleurs.

Les nombreux actes de charité dus à M. le Curé de Saint-Pierre s'accomplissaient un peu au détriment du mobilier du presbytère, qui dépassait presque les bornes de la simplicité. Point ou fort peu de meubles, pas d'argenterie, puisqu'il était obligé d'en emprunter à un marguillier de sa paroisse lorsqu'il lui arrivait d'avoir quelqu'un à dîner ; il n'avait d'autre objet de prix et de luxe qu'un tableau de Greuze, *la Veuve et son Curé,* dont il se fût certainement débarrassé au profit des pauvres, s'il en eût eu la possibilité.

Le soulagement des pauvres, tel est, nous pouvons le dire, l'unique but que le pieux curé s'est constamment efforcé d'atteindre en vue de

Dieu. Jusqu'au dernier moment il a voulu donner à ces déshérités de la fortune une preuve irrécusable de cet ardent amour qu'il nourrissait pour eux, et perpétuer l'œuvre de bienfaisance à laquelle il avait consacré toute sa vie apostolique.

Par une disposition testamentaire, le saint prêtre a légué aux pauvres de sa paroisse une maison qu'il possédait à Caen, rue Saint-Jean, d'une valeur approximative de quatre-vingt mille francs, environ quatre mille francs de rente. Voici en quels termes s'exprime le testament :

« Attaché à la paroisse de Saint-Pierre de Caen depuis 1812, curé de cette paroisse depuis plus de quarante ans, j'ai appris par ma propre expérience qu'aucun titulaire de cette cure, s'il n'a d'autres ressources que le produit de ses fonctions et les secours qu'il peut trouver dans sa paroisse, ne pourra faire face aux charges de cette cure, où les misères secrètes abondent plus que partout ailleurs.

» Une pareille situation est fâcheuse pour la paroisse, difficile et pénible pour le curé, embarrassante pour l'autorité épiscopale, dont elle doit gêner le choix. Pour y remédier dans la proportion où je puis le faire, et en même temps par affection pour une paroisse dans laquelle j'ai passé la plus grande partie de ma vie, je lègue à la cure de Saint-Pierre une maison que je possède dans cette paroisse même, à l'angle de la rue Saint-Jean. »

Peut-on rencontrer une plus vive et plus touchante sollicitude ? Quelle admirable simplicité, et en même temps que de cœur et d'éloquence dans ces quelques lignes ! Comme tout y respire l'amour de son prochain ! Etait-il possible de mieux couronner une vie qui avait constamment été consacrée à la pratique de la charité?

La maladie dont M. le curé Montargis était depuis longtemps atteint avait pris, il y a quatre ans, un caractère inquiétant de gravité, et ses souffrances, augmentant chaque jour, étaient devenues continuelles. Malgré la force et la résignation angélique avec lesquelles il supportait les infirmités qu'il avait plu à la divine Providence de lui envoyer, sa position de santé devint telle, que ses facultés furent affaiblies et qu'il se vit contraint d'abandonner peu à peu les fonctions de son ministère. Bientôt il fut même privé du bonheur de célébrer la sainte messe. Il laissa alors au zèle éclairé de ses quatre vicaires l'administration de sa chère paroisse.

Depuis environ un an, le mal avait fait chez lui d'effrayants progrès, et l'état d'affaiblissement et presque de prostration dans lequel il était tombé laissait prévoir aux personnes qui l'entouraient et qui veillaient sur lui avec la plus tendre sollicitude, la prochaine et fatale issue.

Le moment était arrivé, en effet, où le bon Dieu allait mettre un terme à la souffrance qui accablait son fidèle serviteur. Le 25 janvier, après avoir éprouvé un peu de mieux, M. le Curé tomba tout-à-coup dans un anéantissement plus complet qu'à l'ordinaire. On considéra cette phase de sa maladie comme l'image et l'avant-coureur de la mort. Effectivement, M. le Curé n'avait plus qu'un jour à vivre.

La nuit qui suivit cette crise fut non moins douloureuse que les précédentes, et, le matin du 26, l'extrême affaiblissement du malade indiqua que le dernier terme assigné à cette vie si exemplaire était arrivé. On lui administra alors l'extrême-onction, et les actes accoutumés de foi, d'espérance, de confiance, de regret, d'offrande, furent prononcés. Pendant ces prières, le saint prêtre remuait les lèvres et semblait faire des efforts pour mêler sa voix à celle de ses vicaires.

Vers midi, il tomba dans un état d'insensibilité à peu près complet; à peine si sa bouche pouvait encore balbutier quelques mots de prière; le travail de l'agonie commença bientôt, et c'est vers sept heures du soir que, sans efforts, il remit son âme à Dieu.

Aussitôt son corps fut revêtu des insignes du canonicat et exposé dans une des salles du presbytère, entièrement tendue de noir, qu'on avait érigée en chapelle ardente. Dans cette salle, deux autels avaient été dressés, et, depuis le jour de la mort jusqu'à celui des funérailles, deux religieuses y récitèrent l'office des morts.

La nouvelle de ce décès fut une grande douleur pour les habitants, qui, dès le matin, vinrent, les larmes aux yeux et avec des marques de profond respect, contempler une dernière fois la dépouille mortelle du vénéré pasteur, dont le visage, loin d'avoir la rigidité de la mort, avait au contraire conservé l'aspect d'une indéfinissable douceur, qui était comme le reflet des vertus évangéliques dont sa vie tout entière avait été animée. Pendant les quatre jours que le corps est resté exposé, les fidèles n'ont pas cessé un instant d'envahir la cour du presbytère, ainsi que la chapelle où reposait le corps de M. le Curé.

Les funérailles avaient été fixées au samedi 28. Ce jour-là, à sept heures du matin, MM. les vicaires de la paroisse procédèrent à l'ensevelissement, et, chose digne de remarque, depuis quatre jours que la mort avait frappé M. le Curé, son corps ne présentait aucune trace de décomposition, et ses traits vénérables étaient aussi pleins de sérénité qu'au moment où sa belle âme s'était envolée vers le ciel.

Dès le lendemain de la mort de M. le curé Montargis, MM. les marguilliers de la paroisse de Saint-Pierre s'assemblaient et décidaient à l'unanimité que, pour mieux honorer la mémoire de ce pieux ecclésiastique et lui donner un témoignage plus éclatant de reconnaissance pour le bien qu'il avait constamment répandu dans la paroisse pendant plus de cinquante ans, toutes les dépenses que nécessiteraient les cérémonies funèbres seraient entièrement supportées par la Fabrique.

Dans la journée du vendredi, on avait fait les préparatifs pour la cérémonie du lendemain. Les bas-côtés et la nef de cette église que M. le Curé avait tant aimée étaient tendus de noir ou de noir et blanc; sur toute la longueur de ces draperies étaient semées des larmes d'argent. Au milieu du chœur, on avait dressé un riche catafalque que surmontait une pyramide sur les quatre côtés de laquelle on lisait les quatre inscriptions suivantes empruntées aux livres sacrés : « 1º *Omni petenti te, tribue.* Donnez à tous ceux qui vous demanderont. (Luc, 6, 30.) — 2º *Po-*

tens in verbis et in operibus suis. Il fut puissant en paroles et en œuvres. (Actes, 7.) — 3° *Conscripsit sermones rectissimos ac veritate plenos.* Il fit des discours pleins de droiture et de vérité. (Ecclésiastique, 12.) — 4° *Adimplebit illum Dominus spiritu sapientiæ et intellectus.* Le Seigneur l'a rempli de l'esprit de sagesse et d'intelligence. »

Ce catafalque était couvert par un dôme en draperie noire et blanche, dont le sommet s'élevait jusqu'à la voûte de l'édifice. A l'extérieur, toutes les portes avaient été tendues de noir. Sur le grand portail on lisait encore cette inscription traduite du Psaume 40° : « Jusqu'au jour de sa mort il fut attentif sur les besoins du pauvre et de l'indigent ; il doit être maintenant bienheureux. »

La veille des funérailles, à six heures et demie, on avait chanté Matines et Laudes de l'Office des Morts, de manière à ne laisser pour le lendemain que le parcours des rues de la paroisse et la messe à chanter.

Depuis le jour de la mort jusqu'à la fin de la

cérémonie des obsèques, le glas funèbre n'avait cessé de se faire entendre du clocher de Saint-Pierre et de rappeler les fidèles à la prière pour le repos de l'âme de leur vénérable pasteur.

C'est à dix heures que devait commencer la cérémonie funèbre; mais, long-temps auparavant, l'église et toutes les rues qui l'avoisinent avaient été littéralement envahies par la foule que la police locale avait peine à contenir. Rien n'était touchant comme cet empressement de toute une population qui voulait, une dernière fois, rendre un pieux et suprême hommage à son curé, dont elle allait à jamais se séparer!

Le samedi 30 janvier, à dix heures et demie, M. l'abbé Rivière, vicaire-général et sous-doyen du chapitre de Bayeux, est venu faire la levée du corps dans la chapelle ardente, et, immédiatement après, le cortège s'est formé et s'est mis en marche. A la sortie du presbytère, l'affluence était si grande qu'il a fallu attendre que la police ait rétabli la circulation.

En tête du cortège marchaient les enfants des différentes écoles, avec leurs instituteurs; ensuite venaient les communautés des Sœurs de la Providence, des Frères des Ecoles chrétiennes, des PP. Franciscains mineurs récollets ; puis tout le clergé des paroisses de Caen, celui des campagnes environnantes, et un grand nombre de prêtres des villes voisines, tous en surplis.

Mgr Didiot, évêque de Bayeux et Lisieux, avait particulièrement voulu honorer la mémoire de M. le curé Montargis en assistant aux funérailles.

Les cordons du poêle étaient tenus par les principales autorités de la ville ou du département, et par quatre vénérables ecclésiastiques : M. Dagallier, premier président de la Cour impériale ; M. Le Provost de Launay, préfet du Calvados ; M. Bayeux, adjoint au maire de Caen ; M. Desbordeaux, président de la fabrique de Saint-Pierre ; M. Le Royer, curé de Saint-Etienne ; M. Ameline, curé de Notre-Dame ; M. Grouet, curé de Saint-Ouen, et M. Bréard, curé de Vaucelles. L'un de ces ecclésiastiques, M. l'abbé Le Royer, avait été vicaire de Saint-Pierre en même temps que le défunt.

Le deuil était conduit par les honorables vi-

caires de la paroisse, MM. Brard, Renaud, Clé-
risse et Levallois; puis par M. Gustave Montargis, docteur-médecin à Paris; M. Lemaire, notaire honoraire à Blois; M. l'abbé Montargis,
membres de la famille, qu'accompagnait M. l'abbé
Nonant, exécuteur testamentaire. Venaient ensuite MM. les marguilliers.

Les chantres et autres employés de Saint-
Pierre, tous en aube, avaient demandé et obtenu
la faveur de porter la dépouille mortelle de leur
ancien et vénéré pasteur.

Dans le cortége, et parmi les autorités, on
remarquait M. Champin, président du tribunal
civil; M. Beaujour, président du tribunal de commerce; M. Dubus, procureur impérial; M. Du
Marga, secrétaire-général de la préfecture;
M. Théry, recteur; M. Vendryès, inspecteur de
l'Académie; M. Ch. Paulmier, conseiller-géné-
ral et président de la Chambre de commerce;
M. le lieutenant-colonel commandant par inté-
rim le 33e de ligne; M. le commandant de la
place, &c., &c.

Une députation, composée de plusieurs officiers de chaque grade, représentait le corps d'officiers de la garnison.

La suite du cortége était immense. Dans tout le parcours des nombreuses rues de la paroisse l'affluence de la foule était énorme, et partout, au moment du passage du corps, les boutiques, les magasins, tous les établissements enfin, étaient fermés en signe de deuil. Cette funèbre procession n'a été terminée qu'à onze heures et demie.

A l'arrivée, le clergé et le corps ont fait intérieurement le tour de l'église qu'on avait fait évacuer par la foule; puis le corps, après avoir été, selon l'usage, porté une dernière fois à l'autel, a été placé dans le catafalque.

M. l'abbé Rivière a célébré l'office. Toutes les fonctions sacerdotales étaient remplies par les anciens vicaires et par les prêtres nés dans la paroisse. M. l'abbé Voisin, chanoine, professeur au grand séminaire de Sommervieu, était grand ordonnateur de la cérémonie, que présidait Mgr Didiot.

Après l'évangile, M. l'abbé Rivière a prononcé l'oraison funèbre. Le cadre restreint de cette notice ne nous permet pas de reproduire cet éloge magnifique que M. le vicaire-général a fait entendre, et que l'auditoire qui emplissait la vaste basilique a constamment écouté avec le plus religieux respect.

La messe ayant été terminée, Mgr l'Evêque a fait l'absoute; puis le cortége funèbre, suivi de l'immense foule, s'est remis en marche jusqu'au cimetière. Cette magnifique et imposante cérémonie a produit sur les fidèles une impression indescriptible de douleur et de regret.

C'est au pied de la croix du cimetière de la paroisse, dans un caveau creusé du côté du Midi, qu'a été déposée la dépouille mortelle de M. Montargis, le dernier curé de Saint-Pierre ; c'est là que ce pieux et charitable serviteur de Dieu attend le jour de la résurrection bienheureuse et la station définitive et éternelle du Ciel.

Caen , imp. DOMIN , cour de la Monnaie.